Anjas zuckerfreie Weihnachten

Anjas zuckerfreie Weihnachten

Backen, Schlemmen und Feiern ohne Zucker

Von Anja Giersberg
@zuckerfrei_naschen

Inhalt

Vorwort

Gibt es etwas Schöneres als den Duft von Plätzchen in der Weihnachtszeit? Für mich ist das die schönste Zeit im Jahr! Als Kind habe ich meiner Oma gerne beim Backen geholfen. Vor allem das Kneten der Teige mit den Händen hat mir damals besonders viel Freude bereitet.
Ich liebe die Weihnachtsbäckerei und teile in diesem Buch meine Lieblingsrezepte mit dir. Jedes Jahr, wenn ich Kekse aussteche, Lebkuchen überziehe oder Mutzenmandeln nasche, erinnere ich mich daran, warum ich damals das Konditorenhandwerk erlernt habe. Ich liebe die Kreativität, den Geruch, die Farben und – besonders in der Winterzeit – die gemütliche weihnachtliche Stimmung beim Backen. Für mich sind das Wohlfühlmomente, die ich auch dir beim Nachbacken wünsche.

In diesem Buch ist alles dabei, was auf eine weihnachtliche Tafel gehört, von Keksklassikern über Naschereien wie vom Weihnachtsmarkt bis hin zu Festtagsmenüs mit leckeren Desserts.

Manchmal ist es nicht einfach, den zuckerreichen Naschereien an den Festtagen zu widerstehen. Wenn du über die Weihnachtszeit bewusst auf deinen Zuckerkonsum achten möchtest, dann wird dir dieses Backbuch ein guter Begleiter sein.

Genieße deine zuckerreduzierte Weihnachtszeit mit deinen Liebsten und bleib gesund!

Deine Anja

Die wichtigsten Zutaten

ERYTHRIT

Erythrit ist ein Zuckeralkohol. Ein Zuckeralkohol enthält keinen Ethylalkohol. Es ist lediglich die chemische Bezeichnung für die Zuckeralternative.
Erythrit verstoffwechselt sich insulinunabhängig und ist daher eine gute Wahl für Diabetiker. 90 % werden direkt im Dünndarm verstoffwechselt und über die Nieren, also über den Urin, ausgeschieden. Die anderen 10 % verstoffwechselt unser Körper wie Ballaststoffe. Erythrit wird von unserem Körper in kleinen Mengen auch selbst gebildet und zwar immer dann, wenn wir oxidativen Stress haben. Daher wird Erythrit auch als süßes Antioxidans bezeichnet, das unseren Körper zum Beispiel vor der Erblindung und vor Schlaganfällen schützen kann.
Erythrit kommt von Natur aus in einigen Obst- und Gemüsesorten vor. Es kann nicht karamellisieren und schmeckt bei Überdosierung schnell unangenehm bitter. Wenn du den Geschmack von Erythrit nicht magst, kannst du ein Kombiprodukt mit Stevia verwenden. Außerdem kannst du das Erythrit in meinen Rezepten immer auch 1:1 gegen Xylit tauschen.

YACON

Yacon ist eine essbare Wurzelknolle und stammt aus Südamerika. Die Knolle kann roh verzehrt werden, sowohl geschält als auch ungeschält. Yacon ist bei uns vor allem als Pulver und Sirup erhältlich und eignet sich zum Backen und Kochen.
Andere essbare Knollen speichern ihre Kohlenhydrate in Stärke, Yacon hingegen in Form von Fructooligosacchariden. Fructooligosaccharide zählen zur Gruppe der löslichen Ballaststoffe mit präbiotischer Wirkung. Sie sind unverdaulich und schmecken fast so süß wie Haushaltszucker. Im Verdauungssystem passieren Fructooligosaccharide den Dünndarm und gelangen unverdaut in den Dickdarm. Daher beeinflussen sie den Blutzuckerspiegel nicht.
Yacon besteht, je nach Form und Hersteller, zu 40–70 % aus Fructooligosacchariden (gemessen am Gesamtkohlenhydratgehalt). Den Rest des Kohlenhydratanteils machen Saccharose, Glucose und Fructose aus. Die Inhaltsstoffe der Yaconwurzel haben einen positiven Effekt auf unsere Darmgesundheit und auch für Diabetiker ist die Knolle bestens geeignet.
In diesem Buch benutze ich Yacon in Sirupform, vor allem in Lebkuchenrezepten. In pulverisierter Form kannst du Yacon auch zum Süßen deines Porridge oder von Getränken nutzen.

DATTELZUCKER

Dattelzucker ist vor allem zum natürlichen Süßen sehr beliebt. Ich benutze ihn überwiegend für Hefegebäck. Bei seiner Herstellung werden Datteln entsteint, getrocknet und zu einem feinen Pulver zermahlen. Die Süßkraft von Dattelzucker ist etwas geringer als die des herkömmlichen Haushaltszuckers. Er löst sich nicht gut in Flüssigkeiten, hinterlässt dafür aber in Gebäcken eine angenehme Karamellnote. Im Dattelzucker sind zudem noch einige gesunde Inhaltsstoffe enthalten wie Ballaststoffe, Vitamine und Mineralstoffe. Dennoch enthält auch er viel Fruchtzucker und sollte daher nur in Maßen konsumiert werden.

BACKPULVER

Ich verwende in diesem Buch Weinstein-Backpulver. Du kannst gerne auch auf ein anderes Backpulver zurückgreifen. Weinstein-Backpulver ist die natürliche Alternative zum gängigen Backpulver. Es besteht genauso aus einem Säuerungs-, einem Backtrieb- und einem Trennmittel. Als Säuerungsmittel wird jedoch Weinsteinsäure anstelle von Phosphaten eingesetzt. Das Backtriebmittel ist Natron, wie auch beim herkömmlichen Backpulver. Und als Trennmittel wird für das Weinstein-Backpulver Maisstärke statt Weizenstärke verwendet. Wenn du also auf Phosphate oder Weizen verzichten musst oder möchtest, ist das glutenfreie Weinstein-Backpulver eine gute Wahl.

SCHOKOLADE OHNE ZUCKERZUSATZ

Schokolade ohne raffinierten Zucker ist mit verschiedenen Süßungsmitteln erhältlich, z. B. mit Datteln, Erythrit, Maltit, Xylit oder Stevia. Da jede Zuckeralternative andere Eigenschaften besitzt, hat dies auch Auswirkungen auf die Verarbeitungsmöglichkeiten für die jeweilige Schokolade.
Vor allem das Schmelzen der Schokolade bereitet oft Probleme. Wichtig ist, die Schokolade bei niedriger Temperatur zu schmelzen.

SCHOKOLADE OHNE ZUCKERZUSATZ SCHMELZEN

1. Etwas Wasser in einem Topf zum Kochen bringen.
2. Die Schokolade fein hacken oder gleich Schokodrops verwenden, denn kleinere Stucke schmelzen schneller und gleichmäßiger.
3. Sobald das Wasser kocht, den Topf vom Herd ziehen, die Schokolade in eine Keramikschüssel geben und diesen auf den Topf stellen: Die Restwärme des Wassers reicht aus, um die Schokolade zu schmelzen, ohne dass sie verbrennt. Bloß nicht den Topf von unten permanent erhitzen!
4. Ganz wichtig: Gelegentlich umrühren.
5. Fur eine leichtere Verarbeitung kannst du der Schokolade noch etwas Öl hinzufügen. Dafur nehme ich gerne Kokosöl.. Das erleichtert das Überziehen von Gebäck, denn die zuckerreduzierte Schokolade ist von der Konsistenz her dickflüssiger als andere Schokolade.

Im Winter stelle ich meistens einfach die Schokolade in einer Schüssel auf die Heizung. Am nächsten Morgen ist sie immer vollständig geschmolzen, ohne verbrannt zu sein. Einmal geschmolzen, kannst du die Schokolade auch wieder festwerden lassen und beim nächsten Mal erneut zerkleinern und schmelzen.
Manchmal landen beim Überziehen des Gebäcks kleine Krümel in der Schokolade, die du einfach heraussieben kannst. Wird die Schokolade auf dem Gebäck gräulich, ist dies kein Qualitätsverlust. Sie hat sich lediglich entmischt, zum Beispiel durch Temperaturschwankungen in deiner Wohnung. Dabei setzt sich die Kakaobutter an der Oberfläche ab und hinterlässt einen grauen Film auf der Schokolade.
Achte immer darauf, dass kein Wasser in oder an deine Schokolade kommt. Das Wasser verbindet sich sonst mit der Schokolade und lässt sie festwerden und du kannst sie danach nicht mehr verwenden. Das gilt auch für verbrannte Schokolade, die durch ihre krümelige Struktur nicht mehr zu verarbeiten ist. Bewahre Schokolade also immer lichtgeschützt, trocken und bei Raumtemperatur auf.

ZUCKERGUSS

In diesem Buch werden Plätzchen und andere Gebäcke mit Schokolade ohne Zuckerzusatz veredelt. Du kannst dir aber natürlich auch eine Spritzglasur herstellen, sie beliebig einfärben und dich damit kreativ auf deinen Backkunstwerken austoben. Vor allem bei Ausstecherkeksen haben auch Kinder immer viel Freude am Verzieren. In einigen großen Supermärkten gibt es sogar zuckerfreie bunte Dekorperlen, die für extra Farbe auf deinen Plätzchen sorgen.
Den Zuckerguss aus dem folgenden Rezept kannst du mit Lebensmittelfarbe oder natürlichen Rohstoffen nach Belieben einfärben. Die herkömmliche Lebensmittelfarbe, die du im Supermarkt in der Backabteilung kaufen kannst, enthält allerdings versteckte Zucker. Die Menge, die du zum Einfärben der Spritzglasur brauchst, ist zwar sehr gering. Wenn du trotzdem auf den Zuckeranteil verzichten möchtest, verwende stattdessen Rote Bete-Pulver, Kardamom oder Spirulina-Pulver zum Färben.

60 g Puder-Erythrit
1 Zitrone
Lebensmittelfarbe oder natürliches Färbemittel

DEKOR MIT SPRITZGLASUR

1. Siebe 60 g Puder-Erythrit in ein Schälchen und presse die Zitrone aus.
2. Verrühre den Zitronensaft mit der Zuckeralternative, bis eine Spritzglasur entsteht. Du brauchst nicht viel Zitronensaft. Falls dir die Glasur zu flüssig ist, kannst du einfach mehr Puder-Erythrit zufügen.
3. Färbe die Glasur beliebig ein und garniere dein Gebäck.
4. Lass die Spritzglasur auf dem Gebäck an der Luft trocknen, bevor du es verpackst.

Empfohlene Helferlein

Viele Menschen gehen gerne shoppen, und dann landen Schuhe, Handtaschen oder Kleidung in ihren Taschen. Das trifft auf mich eher weniger zu – außer bei Backzubehör, da gerate selbst ich irgendwann in einen Kaufrausch! Konditorei ist eben eine meiner größten Leidenschaften. Ich bin mit kleinen Helferlein fürs Backen also sehr gut ausgestattet, aber ich weiß natürlich, dass das nicht bei allen Menschen so ist, und vieles braucht man vielleicht auch nicht wirklich. Darum möchte ich dir im Folgenden nur die beiden wichtigsten Backutensilien empfehlen, die dir die Weihnachtsbäckerei auf jeden Fall erleichtern werden.

SPRITZBEUTEL

Spritzbeutel sind wirklich unentbehrliche Helferlein in der Backstube, auch in der privaten. Es gibt sie in unzähligen Varianten und Größen. Ich persönlich besitze ein paar kleine Spritzbeutel, die ich zum Garnieren verwende, z. B. für Eiweißspritzglasur, und ein paar größere, die sich sehr gut eignen, um größere Mengen aufzuspritzen (im Fachjargon spricht man hier übrigens von „dressieren" oder „aufdressieren"), z. B. für Spritzgebäck.

Ich empfehle dir Silikon- oder Baumwollspritzbeutel, auch wenn du diese nicht im Supermarkt bekommst. Du kannst sie natürlich bestellen oder auch bei einem Bäcker vor Ort anfragen: Die meisten Bäckereien und Konditoreien bestellen ihren Bedarf an Rohstoffen und Equipment über große Fachhändler – vielleicht können sie einen Spritzbeutel für dich mitbestellen.

Die Alternative zum Spritzbeutel ist die Gebäckpresse, die es ebenfalls mit verschiedenen Aufsätzen gibt. Das Arbeiten mit einer Gebäckpresse ist jedoch etwas schwieriger, es erfordert viel Kraft und etwas Übung. Zum Dressieren gibst du den Teig in die Presse und drückst ihn mit der Hand über einen Hebel durch den Aufsatz.

Die Vorteile von Silikon- und Baumwollspritzbeuteln:

- Du kannst sie sehr lange nutzen.
- Sie sind einfach zu reinigen; die Baumwollvariante lässt sich sogar bei hohen Temperaturen in der Waschmaschine waschen.
- Sie reißen nicht, wenn du feste Massen und Teige aufspritzt.

Im Vergleich dazu gehen die handelsüblichen Plastik-Spritzbeutel sehr schnell kaputt und verursachen dementsprechend viel Müll.

Außerdem gibt es für Spritzbeutel verschiedene Tüllen mit Spitzen in Stern- oder Lochform, die für besondere Formen der aufgespritzten Masse sorgen. Achte darauf, dass die Tüllen aus rostfreiem Edelstahl sind, und halte sie immer gut sauber, dann halten sie – genau wie Silikon- oder Baumwollspritzbeutel – ein Leben lang.

AUSROLLSCHIENEN

Bei Gebäck ist es wichtig, den Teig gleichmäßig hoch auszurollen, um ein gutes Backergebnis zu bekommen. Dabei können Ausrollschienen helfen, die es in verschiedenen Höhen gibt, z. B. 3 mm hoch. Man gibt den Teig zwischen zwei Schienen und rollt so lange mit dem Rollholz darüber, bis das Rollholz die Schienen berührt. So haben die ausgestochenen Plätzchen alle die gleiche Höhe und backen gleichmäßig im Ofen.

Weihnachts-
klassiker

Vanillekipferl

Für 45 Stück

210 g Butter, kalt
1 Vanilleschote
280 g Dinkelmehl Type 630
120 g Erythrit
100 g Mandeln, blanchiert, gemahlen
etwas Puder-Erythrit

1. Schneide 210 g kalte Butter in Stücke.
2. Kratze die Vanilleschote aus und verknete ihr Mark mit 280 g Dinkelmehl Type 630, 120 g Erythrit und 100 g gemahlenen Mandeln zu einem glatten Teig. Den Teig ca. 2 Stunden kühlstellen.
3. Zum Ende der Kühlzeit den Backofen auf 180 °C (Ober-/Unterhitze) vorheizen.
4. Nimm den Teig aus dem Kühlschrank und portioniere ihn in ca. 12–15 g schwere Kugeln, die du zu Kipferln formst und mit etwas Abstand zueinander auf ein mit Backpapier ausgelegtes Backblech setzt.
5. Backe die Vanillekipferl ca. 12 Minuten im heißen Ofen, bis sie an den Enden gebräunt sind, und nimm sie dann heraus.
6. Abschließend etwas Puder-Erythrit über die noch warmen Vanillekipferl sieben und die ausgekühlten Plätzchen in einer luftdicht verschlossenen Keksdose aufbewahren.

Die ausgekratzte Vanilleschote kannst du noch verwenden, um deinen eigenen Vanille-Puder-Erythrit herzustellen. Lass die Schote dafür ein paar Tage an der Luft trocknen und gib sie dann in ein Glas Puder-Erythrit.

Spitzbuben

Für 35 Stück

120 g Butter, kalt
1 Vanilleschote
200 g Dinkelmehl Type 630
65 g Puder-Erythrit
1 Ei, Gr. M
20 g Mandeln, blanchiert, gemahlen

Außerdem:
120 g Himbeerkonfitüre ohne Zuckerzusatz
etwas Puder-Erythrit

1. 120 g kalte Butter in kleine Stücke schneiden.

2. Kratze für den Teig die Vanilleschote aus und verknete das Mark und die Butter mit den restlichen Zutaten. Den Teig am besten über Nacht kühl stellen.

3. Rolle den Teig auf einer leicht bemehlten Arbeitsfläche ca. 2 mm dick aus. Nun die Plätzchen ausstechen und auf ein mit Backpapier ausgelegtes Backblech legen. Nach dem Backen werden immer zwei Plätzchen mit Marmelade zusammengeklebt. Achte daher darauf, dass du je eine Ober- und eine Unterseite ausstichst.

4. Heize den Backofen auf 180 °C (Ober-/Unterhitze) vor und backe die Plätzchen für ca. 10 Minuten.

5. Gib nach dem Auskühlen auf die ausgestochenen Unterseiten der Spitzbuben etwas Konfitüre. Ein Spritzbeutel eignet sich zum Aufdressieren am besten. Bestäube die Oberseiten von oben mit Puder-Erythrit und lege sie dann auf die mit Marmelade bestrichenen Unterseiten.

6. Lagere die Spitzbuben in einer verschlossenen Dose. Beachte, dass die Konfitüre ohne Zuckerzusatz nicht so lange haltbar ist wie herkömmliche Fruchtaufstriche mit raffiniertem Zucker. Die Spitzbuben halten sich daher ca. eine Woche ohne Qualitätsverlust.

Quarkstollen

Für 1 Stollen

100 g Rosinen
300 ml Orangen-Direktsaft
1 Orange
1 Zitrone
250 g Dinkelmehl Type 630
100 g Butter, weich
90 g Erythrit
1 Ei, Gr. M
125 g Quark, 20 % Fett
160 g Mandeln, blanchiert, gemahlen
6 g Weinstein-Backpulver
5 g Lebkuchengewürz

Außerdem:
100 g Butter
Puder-Erythrit

Alternativ kannst du zwei kleine Stollenlaibe formen und backen. Die Backzeit kann dann minimal variieren.

1. Weiche 100 g Rosinen über Nacht in Orangensaft ein.
2. Die Rosinen durch ein Sieb abseihen.
3. Wasche die Orange und die Zitrone und reibe die Schale (z. B. mit einer Zestenreibe) ab.
4. Alle restlichen Zutaten in eine Schüssel geben und zu einem Teig verkneten.
5. Den Backofen auf 170 °C (Ober-/Unterhitze) vorheizen.
6. Forme aus dem Teig einen Stollenlaib und setze diesen auf ein mit Backpapier ausgelegtes Backblech.
7. Backe den Stollen für ca. 80 Minuten und prüfe mit der Stäbchenprobe, ob er durchgebacken ist.
8. Schmelze gegen Ende der Backzeit 100 g Butter, streiche den Stollen sofort nach dem Backen damit ein und bestäube ihn zuletzt mit Puder-Erythrit.
9. Den Stollen gut verpackt aufbewahren. Er hält sich eine Woche, da kein Zucker darin ist, der für eine längere Frischhaltung sorgen würde.

Elisenlebkuchen

Für 18 Stück

1 Orange
1 Zitrone
100 g Mandeln, blanchiert, gemahlen
100 g Haselnüsse, gemahlen
100 g Walnüsse, gemahlen
100 g Mandeln, gehackt
150 g Erythrit
12 g Lebkuchengewürz, gemahlen
3 g Zimt, gemahlen
6 g Weinstein-Backpulver
2 Eier, Gr. M
3 Eiweiß, Gr. M

Außerdem:
150 g Zartbitterschokolade ohne Zuckerzusatz
10 g Kokosöl
30 Mandeln, ganz, blanchiert

Du kannst die Elisenlebkuchen natürlich auch ganz mit Schokolade überziehen. So halten sie noch länger frisch und sind besonders schokoladig.

1. Wasche die Orange und die Zitrone und reibe die Schale (z. B. mit einer Zestenreibe) ab.
2. Mische den Abrieb der Zitrusfrüchte mit den anderen trockenen Zutaten.
3. Schlage die 2 Eier und die 3 Eiweiß in einer Küchenmaschine schaumig und rühre anschließend die vermengten, trockenen Zutaten unter.
4. Den Backofen auf 170 °C (Umluft) vorheizen.
5. Mit einem Löffel 18 Häufchen Lebkuchenmasse auf zwei mit Backpapier ausgelegte Bleche geben. Forme die Teigportionen rund und drücke sie leicht platt, sodass in der Mitte eine Wölbung entsteht. Dabei hilft es, wenn du deine Finger leicht mit Wasser benetzt.
6. Schiebe jedes Blech einzeln für ca. 12 Minuten in den heißen Ofen. Achte darauf, dass du die Lebkuchen nicht zu lange backst. Sie können in der Mitte ruhig noch etwas weich sein.
7. Für die Glasur 150 g Schokolade und 10 g Kokosöl über einem Wasserbad schmelzen und die Oberseite der fertigen Lebkuchen damit bestreichen. Halbiere dann 30 Mandeln und dekoriere die Elisenlebkuchen damit.
8. Bewahre die Elisenlebkuchen in einer verschlossenen Dose auf.

Nussecken

Für 50 Stück

Für den Mürbeteig:
120 g Butter, kalt
185 g Dinkelmehl Type 630
60 g Puder-Erythrit
1 Eigelb, Gr. M

Für die Nussmasse:
4 Eiweiß, Gr. M
200 g Puder-Erythrit
100 g Haselnüsse, fein gehackt
70 g Mandeln, fein gehackt
70 g Mandeln, gehobelt

Außerdem:
2 EL Himbeerkonfitüre ohne Zuckerzusatz
150 g Zartbitterschokolade ohne Zuckerzusatz
10 g Kokosöl

Du kannst auch andere Nüsse und Konfitüren deiner Wahl benutzen.

Schneide 120 g kalte Butter in kleine Stücke und verknete diese mit den restlichen Zutaten zu einem Teig. Den Teig ca. 2 Stunden kühl stellen und auf einer leicht bemehlten Arbeitsfläche ca. 4 mm dick zu einem Rechteck (25 cm × 25 cm) ausrollen.

1. Heize den Backofen auf 180 °C (Ober-/Unterhitze) vor.
2. Stelle einen verstellbaren Backrahmen um den Mürbeteig und backe ihn für ca. 20 Minuten vor.
3. Den vorgebackenen Mürbeteig – er kann ruhig noch warm sein – mit 2 EL Himbeerkonfitüre bestreichen.
4. Mische für die Nussmasse 4 Eiweiß mit 200 g Puder-Erythrit in einer Schüssel und erhitze die Masse über einem Wasserbad auf 60 °C. Rühre dann die Nüsse unter.
5. Streiche die Nussmasse sofort auf den Mürbeteig und backe die Nussecken für weitere 25 Minuten bei gleicher Backtemperatur.
6. Die Nussecken nach dem Erkalten in kleine Dreiecke schneiden. Dann 150 g Schokolade und 10 g Kokosöl über einem Wasserbad schmelzen und die Nussecken nach Belieben in die Glasur tauchen.
7. Bewahre die Nussecken in einer verschlossenen Dose auf.

Engelsaugen

Für 20 Stück

80 g Butter, kalt
120 g Dinkelmehl Type 630
40 g Puder-Erythrit
1 Eigelb, Gr. M

Außerdem:
150 g Himbeerkonfitüre ohne Zuckerzusatz

1. Für den Mürbeteig 80 g kalte Butter in kleine Stücke schneiden und mit den restlichen Zutaten verkneten. Stelle den Teig ca. 2 Stunden kühl.
2. Heize den Backofen auf 180 °C (Ober-/Unterhitze) vor.
3. Portioniere den Teig in 20 Stücke und forme daraus kleine Kugeln.
4. Setze die Kugeln mit ein wenig Abstand zueinander auf ein mit Backpapier ausgelegtes Backblech.
5. Drücke mit einem Holzlöffelstiel eine Mulde in jede Kugel.
6. Die Mulden bis kurz unter den Rand mit Konfitüre füllen.
7. Backe die Engelsaugen für ca. 20 Minuten.
8. Die Engelsaugen in einer verschlossenen Dose aufbewahren.

Auch andere Konfitüren und Marmeladen passen sehr gut zu diesem Gebäck.

Spekulatius

Für 45 Stück

100 g Butter, kalt
230 g Dinkelmehl Type 630
130 g Erythrit
1 Ei, Gr. M
6 g Spekulatiusgewürz, gemahlen
30 g Milch oder eine pflanzliche Alternative

1. Schneide 100 g kalte Butter in kleine Stücke und verknete sie mit den restlichen Zutaten zu einem Teig. Stelle den Teig ca. 2 Stunden kühl.

2. Rolle den Teig auf einer leicht bemehlten Arbeitsfläche ca. 3 mm dick aus.

3. Den Backofen auf 180 °C (Ober-/Unterhitze) vorheizen.

4. Steche weihnachtliche Figuren aus und setze sie auf ein mit Backpapier ausgelegtes Backblech.

5. Die Kekse für ca. 10 Minuten backen.

6. Bewahre die ausgekühlten Plätzchen in einer verschlossenen Dose auf.

Lebkuchen-Herzen

Für 40 Stück

330 g Roggenmehl Type 960
120 g Yaconsirup
50 g Puder-Erythrit
8 g Natron
2 Eier, Gr. M
1 EL Apfelessig
8 g Backkakao
8 g Lebkuchengewürz, gemahlen
40 g Milch oder eine pflanzliche Alternative

Außerdem:
50 g Zartbitterschokolade ohne Zuckerzusatz

1. Alle Zutaten zu einem Teig verkneten und 24 Stunden kühlen.
2. Den Backofen auf 180 °C (Ober-/Unterhitze) vorheizen.
3. Rolle den Teig auf einer leicht bemehlten Arbeitsfläche 5 mm dick aus und stich Herzen aus. Die Herzen auf ein mit Backpapier ausgelegtes Backblech legen.
4. Die Herzen für 8 Minuten backen, danach auskühlen lassen.
5. 50 g Schokolade über einem Wasserbad schmelzen.
6. Bestreiche die ausgekühlten Herzen mit der Schokolade und bewahre sie in einer verschlossenen Dose auf.

Dieses Rezept eignet sich hervorragend für Lebkuchenhäuser. Dafür anstatt der Herzen einfach Platten aus dem Teig ausschneiden und die Backzeit ggf. verlängern. Zwischendurch immer wieder mit der Stäbchenprobe den Backfortschritt überprüfen.

Zimtsterne

Für 25 Stück

Für den Teig:
150 g Mandeln, blanchiert, gemahlen
100 g Haselnüsse, gemahlen
100 g Puder-Erythrit
2 Eiweiß, Gr. M
5 g Zimt, gemahlen

Glasur:
1 Eiweiß, Gr. M
100 g Puder-Erythrit
1 Spritzer Zitronensaft

Der Spritzer Zitronensaft in der Eiweißglasur sorgt dafür, dass deine Glasur schneeweiß wird.

1. Für den Teig alle Zutaten in eine Schüssel geben und verkneten.
2. Rolle den Teig zwischen zwei Bogen Backpapier 1 cm dick aus.
3. Ziehe das obere Backpapier ab und steche Sterne aus dem Teig aus. Benetze den Ausstecher mit Wasser, dann geht es einfacher. Setze die Sterne auf ein mit Backpapier ausgelegtes Backblech.
4. Den Backofen auf 150 °C (Ober-/Unterhitze) vorheizen.
5. Schlage für die Glasur das Eiweiß zu einem Eischnee, der nur im Ansatz Konturen zieht. Rühre dann 100 g Puder-Erythrit und einen Spritzer Zitronensaft ein.
6. Die Eiweißglasur sollte weder zu fest noch zu flüssig sein, sodass sie problemlos mit dem Finger oder einem Pinsel auf den Sternen verstrichen werden kann. Sollte die Eiweißglasur zu fest sein, füge ein paar Spritzer Wasser hinzu. Sollte die Glasur zu flüssig sein, gib etwas Puder-Erythrit hinzu.
7. Backe die Zimtsterne für ca. 15 Minuten. Die Backzeit ist entscheidend, damit die Zimtsterne schön weich bleiben. Also lieber eine Minute zu kurz backen anstatt zu lange, damit die Sterne nicht trocken werden.
8. Bewahre die Zimtsterne in einer verschlossenen Dose auf.

Dominosteine

Für 48 Stück

Für den Teig:
65 g Milch oder eine pflanzliche Alternative
30 g Butter
60 g Erythrit
75 g Dinkelvollkornmehl
3 g Zimt, gemahlen
3 g Weinstein-Backpulver
30 g Haselnüsse, gemahlen
5 g Backkakao
4 g Lebkuchengewürz, gemahlen
1 Ei, Gr. M

Für das Gelee:
15 g Agar Agar
400 g Orangen-Direktsaft

Außerdem:
2 EL Aprikosenkonfitüre ohne Zuckerzusatz
400 g Marzipan ohne Zuckerzusatz
200 g Zartbitterschokolade ohne Zuckerzusatz
10 g Kokosöl

1. Erwärme für den Teig 65 g Milch mit 30 g Butter in einem Topf, bis die Butter geschmolzen ist.
2. Mische die trockenen Zutaten und verrühre sie mit der Butter-Milchmischung. Rühre das Ei unter.
3. Den Backofen auf 180 °C (Ober-/Unterhitze) vorheizen.
4. Streiche den Teig in einen Backrahmen (20 cm × 25 cm) und backe die Lebkuchenplatte für 12 Minuten.
5. Für das Gelee 15 g Agar Agar in 400 g Orangensaft einrühren und unter Rühren aufkochen. 2 Minuten köcheln lassen, dann auf die Lebkuchenplatte gießen. Die Lebkuchenplatte kühl stellen, bis das Gelee fest ist.
6. 2 EL Aprikosenkonfitüre auf das festgewordene Gelee streichen.
7. Rolle 400 g Marzipan zum Rechteck aus und lege es passgenau auf das Gelee.
8. Friere alles für eine Stunde im Gefrierschrank an. Schmelze in der Zwischenzeit 200 g Schokolade und 10 g Kokosöl über dem Wasserbad.
9. Schneide ca. 2,5 cm × 2,5 cm große Würfel aus der Platte und tunke sie mit Hilfe einer Gabel vollständig in die Schokolade. Auf Backpapier trocknen lassen.
10. Bewahre die Dominosteine in einer verschlossenen Dose im Kühlschrank auf.

Spritzgebäck

Für 40 Stück

1 Vanilleschote
165 g Butter, weich
80 g Erythrit
1 Ei, Gr. M
190 g Dinkelmehl Type 630

Außerdem:
80 g Zartbitterschokolade ohne Zuckerzusatz
5 g Kokosöl

1. Für den Teig die Vanilleschote auskratzen und das Vanillemark zusammen mit 165 g Butter und 80 g Erythrit (z. B. mit einer Küchenmaschine) aufschlagen.
2. Füge das Ei hinzu und schlage die Masse weiter, bis sie wieder homogen ist. Rühre 190 g Mehl kurz unter.
3. Heize den Backofen auf 180 °C (Ober-/Unterhitze) vor.
4. Fülle den Teig in einen Spritzbeutel mit Sterntülle (Ø 8 mm). Eine Gebäckpresse ist auch möglich. Dressiere den Teig auf ein mit Backpapier ausgelegtes Backblech und backe das Gebäck für ca. 12 Minuten.
5. Schmelze in der Zwischenzeit 80 g Schokolade und 5 g Kokosöl über dem Wasserbad. Tunke das abgekühlte Spritzgebäck nach Belieben in die Schokolade.
6. Das Spritzgebäck in einer verschlossenen Dose aufbewahren.

Nachdem das Gebäck in Schokolade getunkt wurde, kann die Schokoladenseite noch mit gehackten Nüssen, Pistazien oder Kokosraspeln verziert werden.

Schwarz-Weiss-Gebäck

Für 50 Stück

Für den hellen Mürbeteig:
120 g Butter, kalt
220 g Dinkelmehl Type 630
90 g Puder-Erythrit
1 Ei, Gr. M
1 Vanilleschote

Für den dunklen Mürbeteig:
120 g Butter, kalt
200 g Dinkelmehl Type 630
110 g Puder-Erythrit
1 Ei, Gr. M
20 g Backkakao

1. Schneide 240 g kalte Butter in kleine Stücke.

2. Für den hellen Teig die Vanilleschote auskratzen und das Mark mit 120 g Butterstücken sowie allen anderen Zutaten verkneten.

3. Verfahre für den dunklen Mürbeteig genauso und stelle beide Teige ca. 3 Stunden kühl.

4. Heize den Ofen auf 180 °C (Ober-/Unterhitze) vor.

5. Rolle Stränge aus dem Teig, die einen Durchmesser von 3–4 mm haben. Verdrehe je einen hellen und einen dunklen Teigstrang ineinander, rolle diesen Doppelstrang noch mal etwas dünner und forme daraus eine Zuckerstange. Auf ein mit Backpapier ausgelegtes Backblech legen. Verfahre so, bis beide Teige aufgebraucht sind. Backe das Gebäck für ca. 12 Minuten.

6. Aus den Teigresten kannst du marmoriertes Schwarz-Weiß-Gebäck herstellen. Verknete dafür die Reste grob zu einer Kugel, forme sie zu einer Rolle (Ø ca. 4–5 cm) und stelle sie kurz kühl. Wenn die Stangen fertig gebacken sind, kannst du 5 mm dicke Scheiben von der Rolle abschneiden und diese backen.

Linzer Gebäck

Für 50 Stück

170 g Butter, kalt
250 g Dinkelmehl Type 630
5 g Weinstein-Backpulver
150 g Haselnüsse, gemahlen
120 g Erythrit
3 g Zimt, gemahlen
1 Msp. Nelken, gemahlen
1 Msp. Kardamom, gemahlen
1 Ei, Gr. M

Außerdem:

200 g Himbeerkonfitüre ohne Zuckerzusatz

1. Schneide 170 g kalte Butter in kleine Stücke und verknete sie mit den anderen Zutaten zu einem Teig. Den Teig 3 Stunden kühl stellen.
2. Heize den Backofen auf 180 °C (Ober-/Unterhitze) vor.
3. Rolle den Teig auf einer leicht bemehlten Arbeitsfläche ca. 2 mm dick aus und steche Plätzchen deiner Wahl aus. Dabei immer eine Unter- und eine Oberseite ausstechen. Setze die Plätzchen auf ein mit Backpapier ausgelegtes Backblech und backe sie für ca. 8 Minuten.
4. Nach dem Auskühlen die Unterseiten mit Himbeerkonfitüre bestreichen und je eine Oberseite daraufsetzen.
5. Bewahre das Gebäck in einer verschlossenen Dose auf.

Weihnachtliches Teegebäck

Vanilleplätzchen

Für 38 Stück

130 g Butter, kalt
50 g Puder-Erythrit
80 g Dinkelmehl Type 630
80 g Maisstärke
1 Vanilleschote

Außerdem:
Puder-Erythrit

1. Schneide 130 g kalte Butter in kleine Stücke.
2. Die Vanilleschote auskratzen und das Mark mit allen anderen Zutaten zu einem Teig verkneten. Stelle den Teig 3 Stunden kühl.
3. Heize den Backofen auf 180 °C (Ober-/Unterhitze) vor.
4. Aus dem Teig 38 Kugeln formen und mit etwas Abstand auf ein mit Backpapier ausgelegtes Backblech legen.
5. Bestäube eine Gabel leicht mit Mehl und drücke damit die Kugeln platt, sodass ein Muster entsteht.
6. Backe die Plätzchen für ca. 12 Minuten und bestäube sie im abgekühlten Zustand mit Puder-Erythrit.
7. Bewahre die Plätzchen in einer verschlossenen Dose auf.

Schokoladenbogen

Für 40 Stück

Für die Ganache:
60 g Sahne
60 g Zartbitterschokolade ohne Zuckerzusatz

Für den Teig:
150 g Butter, weich
50 g Puder-Erythrit
40 g Marzipan ohne Zuckerzusatz
1 Ei, Gr. M
160 g Dinkelmehl Type 630
15 g Backkakao
20 g Milch oder eine pflanzliche Alternative

Außerdem:
50 g Zartbitterschokolade ohne Zuckerzusatz
Pistazien, gehackt

Du kannst anstelle der Pistazien beispielsweise Kokosraspeln und statt der Zartbitterschokolade weiße Schokolade ohne Zuckerzusatz verwenden.

1. Für die Ganache 60 g Sahne zum Kochen bringen. Rühre 60 g Schokolade ein, bis eine homogene Masse entsteht. Stelle die Ganache kühl, am besten über Nacht.
2. Für den Teig 150 g Butter mit 50 g Puder-Erythrit und 40 g Marzipan in eine Schüssel geben und die Zutaten so lange aufschlagen, bis eine lockere, luftige Buttermasse entsteht. Das Ei unterrühren und die Masse so lange weiterschlagen, bis sie homogen ist. Mische dann 160 g Mehl mit 15 g Kakao und rühre es unter. Zuletzt 20 g Milch hinzugeben.
3. Heize den Backofen auf 180 °C (Ober-/Unterhitze) vor.
4. Fülle die Masse sofort in einen Spritzbeutel mit Sterntülle (Ø 8 mm). Dressiere Hörnchen auf ein mit Backpapier ausgelegtes Backblech, sodass später immer zwei Hörnchen zusammengeklebt werden können. Das Gebäck für ca. 10 Minuten backen.
5. Erwärme 50 g Schokolade über einem Wasserbad.
6. Dressiere mit einem Spritzbeutel die Ganache auf die Unterseite eines Schokoladenbogens und klebe einen zweiten Bogen darüber. Tunke die Bogen an den Enden in Schokolade und diese wiederum in gehackte Pistazien.
7. Bewahre die Schokoladenbogen in einer verschlossenen Dose auf.

Nusshütchen

Für 30 Stück

Für den Teig:
120 g Butter, kalt
200 g Dinkelmehl Type 630
65 g Puder-Erythrit
20 g Mandeln, blanchiert, gemahlen
1 Ei, Gr. M

Für die Füllung:
200 g Haselnüsse, gemahlen
30 g Mandeln, gehackt
100 g Puder-Erythrit
6 g Zimt, gemahlen
115 g Milch oder eine pflanzliche Alternative

Außerdem:
3 EL Aprikosenkonfitüre ohne Zuckerzusatz
30 Haselnüsse

1. Schneide 120 g kalte Butter in kleine Stücke und verknete sie mit den anderen Zutaten zu einem Teig. Stelle den Teig über Nacht kühl.

2. Verrühre für die Füllung alle Zutaten zu einer Nussmasse und stelle diese über Nacht kühl.

3. Am nächsten Tag den Backofen auf 180 °C (Ober-/Unterhitze) vorheizen.

4. Rolle den Teig ca. 2 mm dick aus und steche Taler mit einem Durchmesser von ca. 9 cm aus. Gib etwas Nussfüllung in die Mitte der Taler. Lege die Ränder der Taler um die Füllung, sodass Hütchen entstehen. Setze die Plätzchen auf ein mit Backpapier ausgelegtes Backblech.

5. Backe die Nusshütchen für ca. 15 Minuten.

6. Erwärme in der Zwischenzeit 3 EL Aprikosenkonfitüre in einem Topf und bestreiche die gebackenen, noch heißen Nusshütchen mit der Konfitüre. Setze eine Haselnuss in die Mitte jedes Hütchens.

7. Die Nusshütchen in einer verschlossenen Dose aufbewahren.

Eisenbahnschienen

Für 40 Stück

Für den Teig:
120 g Butter, kalt
200 g Dinkelmehl Type 630
65 g Puder-Erythrit
20 g Mandeln, blanchiert, gemahlen
1 Ei, Gr. M

Außerdem:
4 Eigelb, Gr. M
200 g Marzipan ohne Zuckerzusatz
100 g Aprikosenkonfitüre ohne Zuckerzusatz
200 g Himbeerkonfitüre ohne Zuckerzusatz

1. 120 g kalte Butter in kleine Stücke schneiden und mit den anderen Zutaten zu einem Teig verkneten. Stelle den Teig ca. 3 Stunden kühl.
2. Heize den Backofen auf 180 °C (Ober-/Unterhitze) vor.
3. Rolle den Teig auf einer leicht bemehlten Arbeitsfläche ca. 2 mm dick zu einem Rechteck aus. Lege es auf Backpapier und schneide es in 3,5 cm breite Streifen. Achtung: Den Teig nicht ganz durchschneiden!
4. Backe den Teig für 12 Minuten vor, bis der Rand bräunt.
5. Verknete in der Zwischenzeit 4 Eigelb mit 200 g Marzipan. Wichtig dabei ist, das Eigelb nach und nach dazuzugeben.
6. Schneide den vorgeschnittenen Boden noch warm in Streifen und bestreiche diese dünn mit Aprikosenkonfitüre. Je drei Streifen aufeinandersetzen.
7. Fülle die Marzipanmasse in einen Spritzbeutel mit Sterntülle (Ø 6 mm) und dressiere sie in einem Strang rechts und links am Rand der Streifen.
8. Backe die Streifen nun weitere 10 Minuten, bis die Marzipanmasse anfängt zu bräunen.
9. Bestreiche den Marzipanrand mit Aprikosenkonfitüre und den Zwischenraum mit 200 g Himbeerkonfitüre.
10. Schneide die noch warmen Streifen in kleinere Stücke und bewahre diese in einer verschlossenen Dose auf.

Orangen-Marzipan-Kissen

Für 30 Stück

Für den Teig:
200 g Butter, kalt
300 g Dinkelmehl Type 630
80 g Puder-Erythrit
1 Ei, Gr. M
15 g Orangenblütenwasser

Für die Füllung:
1 Orange
2 Eiweiß, Gr. M
300 g Marzipan ohne Zuckerzusatz
50 g Aprikosenkonfitüre ohne Zuckerzusatz
10 g Orangenblütenwasser

Außerdem:
Puder-Erythrit

1. Schneide 200 g kalte Butter in kleine Stücke und verknete sie mit den anderen Zutaten zu einem Teig. Stelle den Teig ca. 3 Stunden kühl.

2. Den Mürbeteig auf einer leicht bemehlten Arbeitsfläche in mehreren Portionen jeweils zu einem Rechteck (20 cm × 8 cm) ausrollen.

3. Wasche die Orange und reibe die Schale (z. B. mit einer Zestenreibe) ab.

4. Heize den Backofen auf 170 °C (Ober-/Unterhitze) vor.

5. Verknete für die Füllung den Orangenabrieb mit den restlichen Zutaten und streiche die Masse auf den ausgerollten Teig. Rolle den Teig der Länge nach auf. Verriegele die Enden mit etwas Marzipanmasse und schneide die Rolle in 2 cm breite Stücke.

6. Setze die Stücke mit Abstand auf ein mit Backpapier ausgelegtes Backblech und backe sie für ca. 16 Minuten.

7. Bestäube die Orangen-Marzipan-Kissen mit etwas Puder-Erythrit und bewahre sie in einer verschlossenen Dose auf.

Zitronige Schneeflöckchen

Für 80 Stück

1 Zitrone
120 g Butter, kalt
250 g Dinkelmehl Type 630
80 g Puder-Erythrit
1 Ei, Gr. M

Außerdem:
Puder-Erythrit

1. Die Zitrone waschen und die Schale (z. B. mit einer Zestenreibe) abreiben. Auspressen und 25 g Saft bereitstellen.

2. Schneide 120 g kalte Butter in kleine Stücke und verknete sie mit den anderen Zutaten zu einem Teig. Stelle den Teig ca. 3 Stunden kühl.

3. Heize den Backofen auf 180 °C (Ober-/Unterhitze) vor.

4. Rolle den Teig auf einer leicht bemehlten Arbeitsfläche ca. 2 mm dick aus und steche Schneeflöckchen aus.

5. Backe die Schneeflöckchen für ca. 12 Minuten.

6. Bestäube die Schneeflöckchen mit Puder-Erythrit und bewahre sie in einer verschlossenen Dose auf.

Bratapfelkekse

Für 20 Stück

250 g Apfel
1 Vanilleschote
125 g Butter, kalt
250 g Dinkelmehl Type 630
110 g Erythrit
5 g Zimt, gemahlen
5 g Weinstein-Backpulver
40 g Rosinen
30 g Marzipan ohne Zuckerzusatz

Außerdem:
50 g Zartbitterschokolade ohne Zuckerzusatz

1. Entferne das Kerngehäuse des Apfels und rasple ihn in kleine Stücke. Kratze die Vanilleschote aus und schneide 125 g kalte Butter in kleine Stücke. Verknete das Vanillemark, den geraspelten Apfel und die Butter mit den anderen Zutaten zu einem Teig und portioniere diesen in 20 Stücke. Benetze deine Hände mit Wasser, wenn der Teig an den Fingern klebt.

2. Heize den Backofen auf 160 °C (Umluft) vor.

3. Forme aus jeder Teigportion eine Kugel und drücke diese platt.

4. Setze die Cookies auf ein mit Backpapier ausgelegtes Backblech und backe sie für ca. 20 Minuten. Das Blech nach 10 Minuten Backzeit für eine gleichmäßige Bräunung des Gebäcks drehen.

5. Schmelze 50 g Schokolade über einem Wasserbad und ziehe sie mit einem Löffel in Streifen über die ausgekühlten Cookies.

6. Bewahre die Kekse in einer verschlossenen Dose auf.

Zimtschneckenkekse

Für 55 Stück

165 g Butter, kalt
300 g Dinkelmehl Type 630
80 g Puder-Erythrit
1 Ei, Gr. M

Außerdem:
120 g Erythrit
8 g Zimt, gemahlen

1. Schneide 165 g kalte Butter in kleine Stücke und verknete sie mit den anderen Zutaten zu einem Teig. Stelle den Teig ca. 3 Stunden kühl.
2. Rolle den Mürbeteig auf einer bemehlten Arbeitsfläche in mehreren Portionen jeweils zu einem Rechteck (20 cm × 8 cm) aus.
3. Mische 120 g Erythrit mit 8 g Zimt.
4. Benetze die Teigplatten mit Wasser. Hierfür eignet sich am besten ein Pinsel. Bestreue den Teig mit Zimt-Erythrit und rolle die Platten der Länge nach auf.
5. Stelle die Rollen ca. 3 Stunden kühl.
6. Heize den Backofen auf 180 °C (Ober-/Unterhitze) vor.
7. Schneide die Rollen in ca. 5 mm dicke Scheiben und setze diese auf ein mit Backpapier ausgelegtes Backblech.
8. Backe die Kekse für ca. 13 Minuten und bewahre sie in einer verschlossenen Dose auf.

Walnussringe

Für 60 Stück

Für die Ganache:
120 g Zartbitterschokolade ohne Zuckerzusatz
150 g Sahne
40 g Walnüsse, gemahlen

Für den Teig:
180 g Butter, kalt
120 g Walnüsse, gemahlen
300 g Dinkelmehl Type 630
100 g Puder-Erythrit
1 Ei, Gr. M

Außerdem:
150 g Zartbitterschokolade ohne Zuckerzusatz
30 g Walnüsse, gemahlen

1. Für die Ganache 120 g Schokolade in kleine Stücke hacken. Koche 150 g Sahne auf und rühre die Schokolade und 40 g Walnüsse ein, bis eine homogene Masse entsteht. Stelle die Ganache über Nacht kühl.

2. Schneide 180 g kalte Butter in kleine Stücke und verknete sie mit den anderen Zutaten zu einem Teig. Stelle den Teig ca. 3 Stunden kühl.

3. Den Backofen auf 180 °C (Ober-/Unterhitze) vorheizen.

4. Rolle den Teig auf einer leicht bemehlten Arbeitsfläche ca. 2 mm dick aus und steche Kreise (Ø 5 cm) aus.

5. Lege die Kreise auf ein mit Backpapier ausgelegtes Backblech und steche jeweils einen kleineren Kreis (Ø 2 cm) aus. Die ausgestochenen kleinen Kreise immer wieder verkneten und ausrollen und weitere Kreise ausstechen, die zu Ringen werden. Aus dem letzten Rest z. B. einfache Ausstecherkekse machen.

6. Backe die Ringe für ca. 10 Minuten.

7. Schmelze in der Zwischenzeit 150 g Schokolade über einem Wasserbad.

8. Bestreiche die eine Hälfte der Ringe mit Hilfe eines Spritzbeutels mit der Ganache. Streiche die andere Hälfte der Ringe mit Schokolade ein. Lege je einen Ring mit Schokolade auf einen Ring mit Ganache. Bestreue die Schokoladenseite der zusammengesetzten Ringe mit gemahlenen Walnüssen und bewahre sie in einer verschlossenen Dose auf.

Heidesandkekse

Für 100 Stück

1 Vanilleschote
200 g Butter, kalt
1 Orange
1 Ei, Gr. M
300 g Dinkelmehl Type 630
60 g Puder-Erythrit
50 g Erythrit
60 g Zartbitterschokolade ohne Zuckerzusatz, gehackt oder als Drops
3 g Zimt, gemahlen

Außerdem:
200 g Mandeln oder Haselnüsse, gehackt

Du kannst die Nüsse außen auch weglassen und die Kekse einfach so backen.

1. Die Vanilleschote auskratzen und 200 g kalte Butter in kleine Stücke schneiden.
2. Wasche die Orange und reibe die Schale (z. B. mit einer Zestenreibe) ab.
3. Trenne das Ei. Verknete das Vanillemark, den Orangenabrieb, das Eigelb und die Butter mit den anderen Zutaten zu einem Teig. Bewahre das Eiweiß in einer kleinen Schüssel im Kühlschrank auf.
4. Portioniere den Teig in vier Teile. Forme aus jeder Portion eine Rolle mit einem Durchmesser von ca. 3 cm und stelle die Rollen ca. 4 Stunden kühl.
5. Heize den Backofen auf 180 °C (Ober-/Unterhitze) vor.
6. Mit einem Pinsel die Rollen mit Eiweiß einstreichen. Wälze sie anschließend in 200 g gehackten Nüssen und drücke die Nüsse etwas an den Teig.
7. Schneide die Rollen in 5 mm dicke Scheiben und setze sie auf ein mit Backpapier ausgelegtes Backblech.
8. Backe die Kekse für ca. 12 Minuten und bewahre sie in einer verschlossenen Dose auf.

Florentiner

Für ca. 20 Stück

40 g Butter
80 g Erythrit
40 g Sahne
70 g Mandeln, gehobelt
70 g Mandeln, gestiftelt

1. Den Backofen auf 180 °C (Ober-/Unterhitze) vorheizen.
2. Schmelze 40 g Butter mit 80 g Erythrit in einem Topf. Rühre 40 g Sahne und anschließend 140 g Mandeln unter.
3. Streiche die Mandelmasse dünn auf ein mit Backpapier ausgelegtes Backblech. Wichtig ist, dass keine Lücken sichtbar sind.
4. Backe die Mandelmasse für ca. 18 Minuten, bis sie auch mittig anfängt zu bräunen. Falls die Masse am Rand zu stark bräunt, kannst du die betroffenen Abschnitte mit einem Messer nach dem Backen im noch warmen Zustand sehr leicht vom Rest trennen.
5. Lasse die Florentinerplatte auskühlen und breche sie in kleinere Stücke.
6. Bewahre die Florentiner in einer verschlossenen Dose auf.

Ausstecherkekse

Für ca. 115 Stück

1 Vanilleschote
175 g Butter, kalt
250 g Dinkelmehl Type 630
100 g Puder-Erythrit
1 Ei, Gr. M

Außerdem:
150 g Zartbitterschokolade ohne Zuckerzusatz

1. Die Vanilleschote auskratzen und 175 g kalte Butter in kleine Stücke schneiden. Verknete das Vanillemark und die Butter mit den anderen Zutaten zu einem Teig. Stelle den Teig ca. 4 Stunden kühl.

2. Heize den Backofen auf 180 °C (Ober-/Unterhitze) vor.

3. Rolle den Teig auf einer leicht bemehlten Arbeitsfläche ca. 2 mm dick aus und steche weihnachtliche Motive aus. Setze die ausgestochenen Plätzchen auf ein mit Backpapier ausgelegtes Backblech.

4. Backe die Plätzchen für ca. 8 Minuten.

5. Schmelze in der Zwischenzeit 150 g Schokolade über einem Wasserbad.

6. Tauche die ausgekühlten Plätzchen dekorativ in die Schokolade und bewahre sie anschließend in einer verschlossenen Dose auf.

Kirsch-Mohnplätzchen

Für 45 Stück

1 Vanilleschote
200 g Butter, kalt
250 g Dinkelmehl Type 630
100 g Puder-Erythrit
75 g Dampfmohn
2 g Zimt, gemahlen
1 Ei, Gr. M

Außerdem:
200 g Kirschkonfitüre ohne Zuckerzusatz
Puder-Erythrit

1. Kratze die Vanilleschote aus und schneide 200 g kalte Butter in kleine Stücke. Verknete das Vanillemark und die Butter mit den anderen Zutaten zu einem Teig. Den Teig ca. 3 Stunden kühl stellen.

2. Heize den Backofen auf 180 °C (Ober-/Unterhitze) vor.

3. Rolle den Teig auf einer leicht bemehlten Arbeitsfläche 2 mm dick aus und steche Sterne aus. Setze die Sterne auf ein mit Backpapier ausgelegtes Backblech.

4. Backe die Sterne für ca. 10 Minuten.

5. Bestreiche eine Hälfte der Sterne mit einem Klecks Kirschkonfitüre. Bestäube die andere Hälfte der Sterne mit Puder-Erythrit. Setze die bestäubten Sterne auf die mit Konfitüre bestrichenen Sterne und bewahre die Kekse in einer verschlossenen Dose auf.

Haferflockentaler

Für 20 Stück

125 g Butter, kalt
45 g Dinkelvollkornmehl
90 g Erythrit
160 g Haferflocken
70 g Walnüsse, gemahlen
30 g Haselnüsse, gemahlen
5 g Weinstein-Backpulver
4 g Zimt, gemahlen
1 Ei, Gr. M

Außerdem:
60 g Zartbitterschokolade ohne Zuckerzusatz
20 Walnüsse

1. Schneide 125 g kalte Butter in kleine Stücke und verknete sie mit den anderen Zutaten zu einem Teig.

2. Forme aus dem Teig eine Rolle mit einem Durchmesser von 5 cm. Die Teigrolle ca. 3 Stunden kühl stellen.

3. Heize den Backofen auf 160 °C (Umluft) vor.

4. Schneide die Rolle in ca. 5 mm dicke Scheiben und lege diese auf ein mit Backpapier ausgelegtes Backblech.

5. Backe die Haferflockentaler für ca. 15 Minuten.

6. Schmelze in der Zwischenzeit 60 g Schokolade über einem Wasserbad. Portioniere mit einem Löffel etwas Schokolade mittig auf die Kekse und veredle sie abschließend mit einer Walnuss.

Nuss-Nougat-Stangen

Für 45 Stück

180 g Puder-Erythrit
200 g Walnüsse, gemahlen
200 g Haselnüsse, gemahlen
100 g Mandeln, gemahlen
5 g Zimt, gemahlen
2 Eier, Gr. M

Außerdem:
100 g Zartbitterschokolade ohne Zuckerzusatz
250 g Nuss-Nougat-Creme ohne Zuckerzusatz

1. Heize den Backofen auf 150 °C (Ober-/Unterhitze) vor.
2. Alle Zutaten in eine Schüssel geben und zu einem Teig verkneten.
3. Rolle den Teig auf einer leicht bemehlten Arbeitsfläche ca. 3 mm dick aus und schneide Rechtecke (6 cm × 2 cm) aus dem Teig heraus. Lege sie auf ein mit Backpapier ausgelegtes Backblech.
4. Backe die Rechtecke für ca. 12 Minuten.
5. Schmelze in der Zwischenzeit 100 g Schokolade über einem Wasserbad.
6. Bestreiche die Hälfte der Kekse mit Nuss-Nougat-Creme und drücke je einen zweiten Keks darauf. Tauche die Stangen nach Belieben in die Schokolade und bewahre sie in einer verschlossenen Dose auf.

Mandel-Orangen-Küsschen

Für 55 Stück

1 Orange, groß
200 g Butter, weich
160 g Puder-Erythrit
2 Eier, Gr. M
250 g Mandeln, gemahlen, geröstet
250 g Dinkelmehl Type 630

Außerdem:
55 Mandeln, ganz, mit Haut

1. Heize den Backofen auf 180 °C (Ober-/Unterhitze) vor.
2. Wasche die Orange und reibe die Schale (z. B. mit einer Zestenreibe) ab.
3. Schlage 200 g Butter mit 160 g Puder-Erythrit und dem Orangenabrieb (z. B. in einer Küchenmaschine) auf.
4. Füge nacheinander 2 Eier hinzu und rühre so lange weiter, bis eine homogene Masse entsteht. Rühre kurz 250 g Mandeln und 250 g Mehl unter.
5. Den Teig zu 55 Kugeln formen und auf mit Backpapier ausgelegte Backbleche geben. Drücke in die Mitte jeder Teigkugel eine Mandel.
6. Backe die Mandelkugeln für ca. 12 Minuten.
7. Bewahre die Kekse in einer verschlossenen Dose auf.

Gefüllte Kaffeekekse

Für 50 Stück

140 g Butter, kalt
250 g Dinkelmehl Type 630
100 g Puder-Erythrit
1 TL Instant-Kaffeepulver
6 g Backkakao
2 Eier, Gr. M

Für die Ganache:
120 g Zartbitterschokolade ohne Zuckerzusatz
150 g Sahne
1 TL Instant-Kaffeepulver

Außerdem:
60 g Zartbitterschokolade ohne Zuckerzusatz

1. 140 g kalte Butter in kleine Stücke schneiden und mit den anderen Zutaten zu einem Teig verkneten. Stelle den Teig über Nacht kühl und knete ihn abermals durch, sodass keine Kaffeepulverschlieren mehr im Teig zu sehen sind.
2. Für die Ganache 120 g Schokolade klein hacken.
3. 150 g Sahne erhitzen, die gehackte Schokolade und 1 TL Instant-Kaffeepulver unterrühren und die Ganache über Nacht kühl stellen.
4. Heize den Backofen auf 180 °C (Ober-/Unterhitze) vor.
5. Rolle den Teig auf einer leicht bemehlten Arbeitsfläche ca. 2 mm dick aus und steche Taler mit einem Durchmesser von ca. 4 cm aus. Setze sie auf ein mit Backpapier ausgelegtes Backblech.
6. Backe die Taler für ca. 10 Minuten.
7. In der Zwischenzeit 60 g Schokolade über einem Wasserbad schmelzen.
8. Bestreiche je einen Kekstaler nach dem Backen mit der Kaffee-Ganache und drücke einen weiteren Kekstaler darauf. Garniere die Kaffeekekse mit Schokolade und bewahre sie in einer verschlossenen Dose auf.

Kokosberge

Für 30 Stück

100 g Puder-Erythrit
3 Eiweiß, Gr. M
70 g Bananenmark
300 g Kokosraspeln

1. 100 g Puder-Erythrit mit 3 Eiweiß über einem Wasserbad auf 70 °C erhitzen. Rühre dabei stetig um.
2. 70 g Bananenmark und 300 g Kokosraspeln hinzugeben und verrühren.
3. Heize den Backofen auf 200 °C (Ober-/Unterhitze) vor.
4. Teelöffelgroße Kokosberge auf ein mit Backpapier ausgelegtes Backblech geben.
5. Backe die Kokosberge für ca. 10 Minuten.
6. Bewahre die ausgekühlten Kokosberge in einer verschlossenen Dose auf.

Wenn du die Kokosmasse auf ein paar Mini-Oblaten gibst, anstatt sie direkt auf dem Backpapier zu backen, lassen sich die Berge leichter wieder ablösen.

Zimtstreuselschnitte

Für 25 Stück

Für den Mürbeteig:
90 g Butter, kalt
40 g Puder-Erythrit
135 g Dinkelmehl Type 630
55 g Haselnüsse, gemahlen
1 Eigelb, Gr. M

Für die Zimtstreusel:
100 g Butter, kalt
175 g Dinkelmehl Type 630
75 g Erythrit
5 g Zimt

Außerdem:
200 g Winterkonfitüre
(s. S. 100)

1. Für den Mürbeteig 90 g kalte Butter in kleine Stücke schneiden und mit allen anderen Zutaten zu einem Teig verkneten. Stelle den Teig ca. 3 Stunden kühl.

2. Verknete in der Zwischenzeit alle Zutaten für die Streusel und stelle sie beiseite.

3. Den Backofen auf 180 °C (Ober-/Unterhitze) vorheizen.

4. Rolle den Mürbeteig auf einer leicht bemehlten Arbeitsfläche ca. 2 mm dick aus und lege ihn in eine Backform (ca. 25 cm × 25 cm). Du kannst auch einen verstellbaren Backrahmen benutzen.

5. Backe den Mürbeteig für ca. 15 Minuten vor und streiche ihn dann mit 200 g Konfitüre ein. Die Streusel auf der Konfitüre verteilen und weitere 30 Minuten backen.

6. Schneide die Schnitte nach dem Erkalten in kleine Quadrate und bewahre sie in einer verschlossenen Dose auf.

Weihnachtsmarkt-Naschereien

Herzen, Sterne und Brezeln

Für 12 Stück

250 g Mehl-Mix, glutenfrei und ohne Zuckerzusatz (s. Tipp)
80 g Erythrit
10 g Backkakao
6 g Lebkuchengewürz
10 g Weinstein-Backpulver
100 g Yaconsirup
160 g Milch oder eine pflanzliche Alternative

Außerdem:
1 Silikonform „Herzen, Sterne, Brezeln"
150 g Zartbitterschokolade ohne Zuckerzusatz

1. Heize den Backofen auf 170 °C (Ober-/Unterhitze) vor.
2. Verrühre alle Zutaten zu einem Teig und streiche ihn in die Silikonform.
3. Backe die Lebkuchen ca. 20 Minuten im heißen Ofen, nimm sie heraus und lasse sie auskühlen.
4. In der Zwischenzeit 150 g Zartbitterschokolade über einem Wasserbad schmelzen.
5. Tauche die ausgekühlten Lebkuchen in die geschmolzene Schokolade und setze sie zum Festwerden auf ein Stück Backpapier. Die fertigen Lebkuchen in einer luftdicht verschlossenen Dose aufbewahren.

Du kannst deinen gluten- und zuckerfreien Mehl-Mix auch selbst herstellen, indem du 160 g Reismehl, 80 g Maisstärke, 7 g Johannisbrotkernmehl und 5 g Flohsamenschalenpulver vermischst.

Du kannst die Baumkuchenmasse auch in einer großen Springform backen. Dann hast du eine Baumkuchentorte. Überziehst du die Baumkuchenspitzen komplett mit Schokolade, halten sie sich länger.

Baumkuchenspitzen

Für 30 Stück

1 Vanilleschote
170 g Butter, weich
70 g Marzipan ohne Zuckerzusatz
170 g Erythrit
4 Eier, Gr. M
100 g Dinkelmehl Type 630
70 g Maisstärke
10 g Weinstein-Backpulver

Außerdem:
200 g Aprikosenkonfitüre ohne Zuckerzusatz
150 g Zartbitterschokolade ohne Zuckerzusatz
5 g Kokosöl

1. Die Vanilleschote auskratzen und das Vanillemark mit 80 g Butter und 70 g Marzipan (z. B. in der Küchenmaschine) schaumig schlagen. Füge die restlichen 90 g Butter und 170 g Erythrit hinzu und schlage die Masse weiter auf, bis sie Volumen bekommt.

2. Trenne 4 Eier und rühre nach und nach das Eigelb unter die Buttermasse.

3. Mische 100 g Mehl mit 70 g Stärke und 10 g Backpulver und verrühre es mit der Buttermasse.

4. Schlage die 4 Eiweiß mit einer Prise Salz zu Eischnee und hebe diesen unter die Buttermasse.

5. Den Backofen auf Grillstufe vorheizen.

6. Streiche die erste dünne Schicht der Teigmasse (ca. 2 EL) in eine Backform (25 cm × 25 cm). Backe die Schicht, bis sie leicht bräunt, und bestreiche sie hauchdünn mit Aprikosenkonfitüre.

7. Streiche dann die zweite Schicht Teigmasse auf. Die Backform erneut in den Ofen schieben, bis die Teigoberfläche leicht braun wird, und erneut eine Schicht Konfitüre auftragen. Verfahre so weiter, bis die Masse aufgebraucht ist. Mit einer Schicht Konfitüre abschließen und alles auskühlen lassen.

8. Schmelze in der Zwischenzeit 150 g Schokolade und 5 g Kokosöl über einem Wasserbad.

9. Schneide den Baumkuchen in Baumkuchenspitzen und tauche die Spitzen in die Schokolade.

Schmalzkuchen

Für 100 Stück

50 g Butter, weich
350 g Dinkelmehl Type 630
18 g frische Hefe
70 g Dattelzucker
2 Prisen Salz
1 Ei, Gr. M
150 ml Milch oder eine pflanzliche Alternative

Außerdem:
2,5 kg Siedefett
Puder-Erythrit

1. Alle Zutaten zu einem Hefeteig verkneten und zu einer Kugel formen. Decke den Teig mit einem Handtuch ab und lass ihn an einem warmen Ort ca. eine Stunde ruhen.

2. Knete den Teig noch mal durch und rolle ihn auf einer leicht bemehlten Arbeitsfläche ca. 1 cm dick aus. Schneide ca. 4 cm große Rauten aus dem Teig oder steche den Teig mit einem Schmalzkuchen-Ausstecher aus.

3. Decke die Rauten mit einem Handtuch ab und erhitze in einem Topf das Siedefett auf ca. 160–170 °C.

4. Backe die Schmalzkuchen nacheinander im Siedefett aus und wende sie mit einer Schaumkelle gelegentlich im Topf. Hebe sie mit der Schaumkelle aus dem Topf, wenn sie leicht gebräunt sind, und lasse sie auf Küchenpapier abtropfen.

5. Die Schmalzkuchen mit Puder-Erythrit bestäuben und am besten noch in warmem Zustand vernaschen.

Die Temperatur zum Frittieren kann von Siedefett zu Siedefett unterschiedlich sein. Achte darauf, dass die vom Hersteller angegebene Temperatur während des Ausbackens der Schmalzkuchen nicht überschritten wird.

Gebrannte Mandeln

Für 2 Tüten

200 g Mandeln, ganz, blanchiert
2 g Zimt, gemahlen
40 g Yaconsirup
40 g Erythrit

1. Röste 200 g Mandeln mit 2 g Zimt in einer Pfanne, bis sie etwas bräunen.

2. Die Pfanne vom Herd nehmen und die restlichen Zutaten hinzufügen, außerdem 100 g Wasser.

3. Erhitze die Mischung erneut und lasse den Sirup so lange bei mittlerer Hitze reduzieren, bis er fast verdunstet ist. Rühre dabei stetig um.

4. Die Mandeln auf einem Bogen Backpapier verteilen und auskühlen lassen. Die Mandeln können anschließend in einer verschlossenen Dose aufbewahrt werden.

Du kannst auch mit anderen Gewürzen experimentieren, beispielsweise mit Lebkuchengewürz.

Walnuss-Mandelhörnchen

Für 12 Stück

320 g Marzipan ohne Zuckerzusatz
130 g Walnüsse, gemahlen
75 g Puder-Erythrit
2 Eiweiß, Gr. M

Außerdem:
200 g Mandeln, gehobelt
100 g Zartbitterschokolade ohne Zuckerzusatz

1. Alle Zutaten zu einer Marzipanmasse verkneten.
2. Verteile 200 g gehobelte Mandeln auf einem Teller.
3. Aus der Marzipanmasse portionsweise zwölf Hörnchen formen. Da die Masse sehr klebrig ist, am besten immer grob eine Kugel formen und diese Kugel in den gehobelten Mandeln vorsichtig zu einem Strang und dann zu einem Hörnchen formen. Die Hörnchen auf ein mit Backpapier ausgelegtes Backblech setzen.
4. Backe die Hörnchen für ca. 20 Minuten.
5. In der Zwischenzeit 100 g Schokolade über einem Wasserbad schmelzen.
6. Tunke die Enden der ausgekühlten Mandelhörnchen in die Schokolade und bewahre sie in einer verschlossenen Dose auf.

Stollenkonfekt

Für 30 Stück

Für den Früchtemix:
1 Orange
50 g Mandeln, gehackt
150 g Rosinen

Für den Vorteig:
250 g Dinkelmehl Type 630
3 g Zimt, gemahlen
30 g Dattelzucker
20 g frische Hefe
70 g Milch oder eine pflanzliche Alternative

Für den Teig:
100 g Butter, weich
80 g Puder-Erythrit
15 g Mandeln, blanchiert, gemahlen

Außerdem:
150 g Butter
Puder-Erythrit

1. Für den Früchtemix die Orange waschen und die Schale (z. B. mit einer Zestenreibe) abreiben. Presse den Saft der Orange aus und weiche den Abrieb, 50 g Mandeln und 150 g Rosinen 5 Stunden darin ein.

2. Für den Vorteig alle Zutaten zu einem Hefeteig verkneten und diesen abgedeckt an einem warmen Ort ca. 30 Minuten ruhen lassen.

3. Währenddessen für den Teig 100 g Butter (z. B. in einer Küchenmaschine) mit 80 g Puder-Erythrit und 15 g Mandeln schaumig rühren.

4. Seihe den Früchtemix durch ein Sieb ab. Verknete den Vorteig mit dem Teig und dem Früchtemix.

5. Den Teig zu fingerdicken Rollen formen und 2 cm breite Scheiben abschneiden. Setze das Stollenkonfekt mit Abstand auf ein mit Backpapier ausgelegtes Backpapier. Abgedeckt 10 Minuten ruhen lassen.

6. In der Zwischenzeit den Backofen auf 200 °C (Ober-/Unterhitze) vorheizen.

7. Backe das Stollenkonfekt für ca. 15 Minuten.

8. 150 g Butter in einem Topf schmelzen und das noch heiße Stollenkonfekt damit einpinseln.

9. Bestäube das erkaltete Konfekt mit Puder-Erythrit und bewahre es in einer verschlossenen Dose auf.

Winterkonfitüre

Für 3 Gläser

1 Orange (ca. 150 g)
1 Vanilleschote
200 g TK-Himbeeren
100 g TK-Kirschen
100 g TK-Wildheidelbeeren
3 Sternanis, ganz
190 g Gelierzucker ohne Zuckerzusatz

1. Wasche die Orange und reibe die Schale (z. B. mit Hilfe einer Zestenreibe) ab. Schäle die Orange und schneide sie in kleine mundgerechte Stücke. Den Saft dabei auffangen.

2. Kratze die Vanilleschote aus und vermenge sowohl das Mark als auch die Schote mit den Orangenstücken, dem Saft und dem Abrieb in einem Topf. Füge alle weiteren Zutaten hinzu und erhitze den Fruchtmix.

3. Bringe alles unter Rühren zum Kochen und lasse die Konfitüre ca. 3 Minuten köcheln.

4. Die Konfitüre durch ein Sieb abseihen und sofort in Gläser abfüllen. Stelle die Gläser direkt nach dem Abfüllen auf den Kopf.

5. Bewahre die Konfitüre bei Raumtemperatur auf. Wenn sie geöffnet ist, zügig verbrauchen.

Du kannst die Konfitüre bei vielen Rezepten in diesem Buch verwenden.

Apfel-Früchtepunsch

Für 4 Becher

10 g Früchtetee
2 Orange
1 Vanilleschote
2 Nelken, ganz
1 Zimtstange
400 ml Apfel-Direktsaft

1. 600 ml Wasser aufkochen und 10 g Früchtetee damit übergießen. Den Tee nach Packungsanweisung ziehen lassen.

2. Die beiden Orangen waschen und vierteln. Kratze die Vanilleschote aus.

3. Verrühre alle Zutaten mit dem abgeseihten Früchtetee. Erhitze den Früchtepunsch noch mal in einem Topf und lass ihn ziehen, bis er abgekühlt ist.

4. Seihe den Früchtepunsch durch ein Sieb ab und bewahre ihn bis zum Verzehr im Kühlschrank auf.

Weihnachts-menüs

VORSPEISE

Salat mit Orange und Möhren

Für 4 Personen

600 g Möhren
8 EL Olivenöl
Salz
2 Orangen
2 EL Kräuteressig
120 g Rucola
Pfeffer
4 EL Granatapfelkerne

1. Heize den Backofen auf 180 °C (Umluft) vor.
2. Wasche 600 g Möhren und schneide sie in dünne Streifen. Mariniere sie mit 2 EL Olivenöl und etwas Salz und breite sie auf einem mit Backpapier ausgelegten Backblech aus.
3. Gare die Möhren ca. 20 Minuten im heißen Ofen, bis sie weich und etwas gebräunt sind; die Garzeit kann je nach Dicke der Möhrenstreifen variieren.
4. In der Zwischenzeit die Orangen schälen und in mundgerechte Stücke schneiden, den Saft dabei auffangen. Ein paar Stücke auspressen und auch diesen Saft beiseite stellen.
5. Verrühre 6 EL Olivenöl und 2 EL Kräuteressig und schmecke die Vinaigrette mit Orangensaft, Pfeffer und Salz ab.
6. Mische die Ofenmöhrchen mit 120 g Rucola und den Orangenfilets in einer großen Schüssel und gib die Vinaigrette darüber. Gut durchmischen.
7. Verteile den Salat auf vier Teller und garniere ihn mit 4 EL Granatapfelkernen.

Den restlichen Linsenbraten kannst du gut verpackt einfach einfrieren und bei Bedarf im Ofen erwärmen.

HAUPTGANG

Linsenbraten mit Kartoffeltalern und Rotkohl

Für 4 Personen

Für den Linsenbraten:
350 g Tellerlinsen
100 g Haferflocken, zart
40 g Leinsamen
2 Möhren
1 Paprika, rot
100 g Champignons
2 Knoblauchzehen
1 Zwiebel
Bratöl
2 EL Tomatenmark
80 g Walnüsse, gehackt
240 g Bohnen, schwarz, ohne Zuckerzusatz
1 EL Senf ohne Zuckerzusatz
1 EL Pesto, rot, ohne Zuckerzusatz
1 TL Paprikapulver
1 Bund Petersilie, gehackt
Salz
Pfeffer

LINSENBRATEN

1. 350 g Linsen nach Packungsanweisung kochen und danach das Wasser komplett abgießen.

2. Mahle 100 g Haferflocken und 40 g Leinsamen fein.

3. Die beiden Möhren raspeln. Die Paprika und 100 g Champignons in kleine Stücke schneiden.

4. Die beiden Knoblauchzehen hacken. Die Zwiebel in kleine Würfel schneiden und in einer Pfanne mit etwas Öl glasig dünsten. Füge den Knoblauch hinzu und dünste alles für eine Minute weiter. Gib dann 2 EL Tomatenmark, die Champignons und die Paprika hinzu. Brate alles eine Minute an.

5. Vermenge die Masse am besten mit den Händen in einer großen Schüssel mit 80 g Walnüssen, 240 g Bohnen, 1 EL Senf, 1 EL Pesto, 1 TL Paprikapulver und 1 Bund gehackter Petersilie.

6. Schmecke die Linsenmasse mit Salz und Pfeffer ab und gib sie in eine mit Backpapier ausgelegte Kastenform (ca. 30 cm). Verdichte die Masse in der Form.

7. Den Backofen auf 200 °C (Ober-/Unterhitze) vorheizen und den Linsenbraten für ca. 50 Minuten backen. Schneide ihn zum Servieren in Scheiben.

Für die Soße:
1 Zwiebel
40 g Butter
1 EL Tomatenmark
2 EL Sojasoße
450 ml Gemüsebrühe
1 EL Dinkelmehl Type 630

Für die Kartoffeltaler:
500 g Kartoffeln, mehligkochend
1 Zwiebel
Bratöl
½ Bund Petersilie, gehackt
2 TL Kartoffelstärke
2 Eigelb, Gr. M
Salz
Pfeffer

SOSSE

1. Schneide die Zwiebel in Würfel und dünste sie mit 40 g Butter in einer Pfanne glasig, bis sie anfängt zu bräunen.
2. Füge 1 EL Tomatenmark, 2 EL Sojasoße und 450 ml Gemüsebrühe hinzu. Verrühre alles und lasse die Soße etwas einkochen.
3. Binde die Soße mit 1 EL Mehl ab. Dafür das Mehl in die Soße sieben und dabei stetig umrühren, bis die Soße eindickt. Je nach gewünschter Konsistenz der Soße kann die Menge des Mehls variieren.

KARTOFFELTALER

1. 500 g Kartoffeln schälen und in kochendem Wasser kochen, bis sie verzehrfertig sind.
2. Schneide die Zwiebel in Würfel und brate sie mit etwas Öl in einer Pfanne glasig braun.
3. Zerstampfe die heißen Kartoffeln in einer Schüssel und vermenge sie mit den anderen Zutaten. Die Masse mit Salz und Pfeffer abschmecken.
4. Die Kartoffelmasse zu einer Rolle mit einem Durchmesser von ca. 6–7 cm formen und in ca. 1 cm dicke Scheiben schneiden. Brate die Taler in einer Pfanne bei mittlerer Hitze mit etwas Öl aus.

Ich schmecke den Rotkohl am liebsten mit Himbeerkonfitüre ohne Zuckerzusatz ab.

Für den Rotkohl:
1 kg Rotkohl
2 Äpfel
1 Zwiebel
2 EL Schmalz oder eine Alternative
2 EL Balsamico-Essig
2 Lorbeerblätter
3 Nelken, ganz
Salz
Pfeffer

ROTKOHL

1. Schneide 1 kg Rotkohl in Streifen. 2 Äpfel und die Zwiebel klein würfeln.

2. Zerlasse 2 EL Schmalz in der Pfanne und brate die Zwiebel und die Apfelwürfel an. Füge den Rotkohl und 2 EL Essig hinzu und brate alles für weitere 10 Minuten an.

3. 500 ml Wasser, 2 Lorbeerblätter und 3 Nelken hinzugeben und alles bei mittlerer Hitze und geschlossenem Deckel für 45 Minuten garen lassen. Rühre währenddessen ab und zu um und prüfe die Bissfestigkeit. Bei Bedarf noch etwas Wasser zufügen.

4. Schmecke den Rotkohl mit Salz und Pfeffer ab und lasse ihn am besten über Nacht durchziehen, damit er sein volles Aroma entfalten kann.

DESSERT

Schokoladen-Lebkuchen-Rolle

Für 4 Personen

Für den Biskuit:
6 Eier, Gr. M
70 g Erythrit
75 g Dinkelmehl Type 630
8 g Lebkuchengewürz
Salz

Für die Mousse:
400 g Sahne
3 Blatt Gelatine
160 g Zartbitterschokolade ohne Zuckerzusatz
1 Orange
1 Ei, Gr. M
30 g Puder-Erythrit
40 g Haselnussmus

Außerdem:
etwas Zartbitterschokolade ohne Zuckerzusatz zum Raspeln

1. Für den Biskuit 3 Eier in eine Schüssel geben. Trenne die übrigen 3 Eier und gib die 3 Eigelb mit in die Schüssel. Füge 70 g Erythrit hinzu und schlage die Zutaten auf, bis eine Masse entsteht, die Konturen zieht.

2. Den Backofen auf 180 °C (Ober-/Unterhitze) vorheizen. Ein Backblech mit Backpapier auslegen.

3. Siebe 75 g Mehl und mische es mit 8 g Lebkuchengewürz.

4. Schlage 3 Eiweiß mit einer Prise Salz zu Eischnee.

5. Hebe die Mehlmischung in gleichmäßigen schnellen Zügen unter die aufgeschlagene Eimasse. Zum Schluss den Eischnee unterheben und den Biskuit gleichmäßig auf dem Backpapier verteilen. Backe den Biskuit für ca. 15 Minuten.

6. In der Zwischenzeit 400 g Sahne für die Mousse aufschlagen. Weiche 3 Blatt Gelatine in kaltem Wasser ein und schmelze 160 g Schokolade über einem Wasserbad. Reibe die Schale der Orange (z. B. mit einer Zestenreibe) ab.

7. Schlage das Ei mit 30 g Puder-Erythrit und dem Orangenabrieb über einem Wasserbad schaumig. Die Eimasse darf nicht wärmer als 40 °C werden. Die Gelatine ausdrücken, in einem Topf erwärmen und zügig unterrühren.

8. Rühre dann ebenfalls zügig die Schokolade und 40 g Haselnussmus unter die Masse. Anschließend die Sahne unter die Masse heben. 6 EL Mousse in einer Schüssel kühl stellen.

9. Stürze den Biskuit und verstreiche die Schokomousse gleichmäßig darauf. Rolle den Biskuit auf. Die Biskuitrolle über Nacht kühl stellen.

10. Bestreiche die Rolle am nächsten Tag mit der restlichen Mousse und garniere sie mit Schokoladenraspeln.

VORSPEISE

Gemüse-Tatar

Für 4 Personen

Für die Vinaigrette:
90 g Himbeeren
1 TL Senf ohne Zuckerzusatz
20 g Yaconsirup
12 g Kräuteressig
60 g Olivenöl
25 g Orangensaft
Salz

Für das Tatar:
½ Gurke
2 Avocados
1 Zitrone
Salz
Pfeffer
1 Mango

Außerdem:
125 g Wildsalat

1. Für die Vinaigrette alle Zutaten in einem Mixer zu einer homogenen Masse vermengen. Nach Belieben kannst du die Vinaigrette nach dem Mixen durch ein Sieb passieren, damit keine Kerne mehr darin sind.

2. Wasche die halbe Gurke und schneide sie in kleine Würfel. Schäle 2 Avocados, halbiere und entkerne sie. Schneide sie in kleine Würfel und mische sie mit den Gurkenwürfeln. Die Würfel mit etwas Zitronensaft beträufeln und mit Salz und Pfeffer würzen.

3. Schäle die Mango und schneide sie in kleine Würfel.

4. Setze einen Dessertring auf den Teller und gib zuerst die Gurken-Avocado-Würfel hinein, bis der Ring zu drei Vierteln gefüllt ist. Fülle das nächste Drittel mit den Mangostücken und drapiere den Wildsalat darauf. Den Ring abziehen und den Salat mit Vinaigrette beträufeln.

HAUPTGANG

Wirsingrouladen mit Grünkernbratlingen und Pilzragout

Schneide den restlichen Wirsing in kleine Stücke und schmore diese in einer Pfanne. Füge die restliche Reismischung hinzu und würze alles. Fertig ist die Reis-Kohl-Pfanne!

Für 4 Personen

Für die Wirsingrouladen:
150 g Wildreis
12 Wirsingblätter
1 Zwiebel
80 g Champignons
80 g gegarte Maronen
500 ml Gemüsebrühe
125 ml Sahne
½ Bund Petersilie, gehackt
Salz
Pfeffer
Bratöl

Für das Pilzragout:
1,1 kg gemischte Pilze
1 Zwiebel
Bratöl
200 ml Gemüsebrühe
½ Bund Petersilie
250 ml Sahne
1 EL Dinkelmehl
Salz
Pfeffer

Für die Grünkernbratlinge:
350 ml Gemüsebrühe
125 g Grünkernschrot
1 Zwiebel
Bratöl
2 Eier, Gr. M
30 g geriebener Parmesan
40 g Dinkel-Semmelbrösel
Salz
Pfeffer

WIRSINGROULADEN

1. 150 g Reis nach Packungsanleitung kochen.

2. Blanchiere 12 Wirsingblätter 4 Minuten in siedendem Wasser und schrecke sie dann mit kaltem Wasser ab.

3. Die Zwiebel würfeln und in einer Pfanne glasig dünsten. 80 g Champignons und 80 g Maronen kleinschneiden und dazugeben, nach ca. 5 Minuten mit 200 ml Gemüsebrühe ablöschen und den Reis sowie 125 ml Sahne hinzugeben. Weiter köcheln lassen und mit Salz, Pfeffer und ½ Bund Petersilie würzen.

4. Gib jeweils 2–3 EL Reismasse auf ein Wirsingblatt und rolle es zu einer Roulade auf. Mit einem Bindfaden oder einem Holzspieß fixieren.

5. Gib etwas Öl in eine Pfanne und brate die Wirsingrouladen an. Mit 300 ml Gemüsebrühe ablöschen und von jeder Seite ca. 10–15 Minuten garen.

PILZRAGOUT

1. Putze 1,1 kg Pilze und schneide sie in Stücke. Die Zwiebel in Ringe schneiden.

2. In einer Pfanne die Zwiebel in Öl andünsten, dann die Pilze hinzugeben und alles 10 Minuten braten.

3. Mit 200 ml Gemüsebrühe ablöschen und ½ Bund Petersilie hinzugeben. Lass alles ca. 5 Minuten köcheln.

4. Gib erst 250 ml Sahne, dann 1 EL Mehl hinzu. Etwas einkochen lassen und mit Salz und Pfeffer würzen.

GRÜNKERNBRATLINGE

1. 350 ml Gemüsebrühe aufkochen und 125 g Grünkernschrot unterrühren. Bei schwacher Hitze ca. 45 Minuten quellen lassen.

2. Schneide die Zwiebel klein und dünste sie in einer Pfanne mit etwas Öl an.

3. Alle Zutaten verkneten. Masse mit Salz und Pfeffer würzen. Bratlinge daraus formen und in der Pfanne in etwas Öl rundum anbraten.

Du kannst den rohen Strudel gut verpackt prima einfrieren und dann bei Bedarf einfach backen.

DESSERT

Apfelstrudel mit Vanillesosse

Für 4 Personen

Für den Apfelstrudel:
250 g Dinkelmehl Type 630
2 g Salz
1 Ei, Gr. M
20 g Rapsöl

Für die Füllung:
100 g Walnüsse
1 kg Äpfel
50 g Dinkel-Semmelbrösel
120 g Erythrit
5 g Zimt, gemahlen
75 g Rosinen

Außerdem:
100 g Butter

Für die Vanillesoße:
2 Eigelb, Gr. M
1 Vanilleschote
200 ml Milch
50 ml Sahne
40 g Puder-Erythrit

APFELSTRUDEL

1. Für den Teig alle Zutaten mit 100 g warmem Wasser verkneten und zu einer Kugel formen. Mit etwas Öl einreiben und abgedeckt 30 Minuten ruhen lassen.

2. Hacke für die Füllung 100 g Nüsse klein. Schneide 1 kg Äpfel in Viertel und entferne das Kerngehäuse. Hoble die Apfelviertel in dünne Scheiben. Mische die Apfelscheiben und die Nüsse mit den anderen Zutaten der Füllung.

3. Den Teig teilen und jede Hälfte auf einem bemehlten Handtuch zu einem Rechteck (35 cm × 35 cm) ausrollen.

4. Schmelze 100 g Butter.

5. Bestreiche ein Rechteck mit flüssiger Butter und bilde an einem Rand einen 8 cm breiten Streifen aus Apfelmasse. Zum Strudel einrollen und rundum mit Butter einpinseln.

6. Verfahre mit dem zweiten Rechteck genauso.

7. Den Backofen auf 190 °C (Ober-/Unterhitze) vorheizen. Backe die Strudel für ca. 40 Minuten.

VANILLESOSSE

1. Schlage 2 Eigelb (z. B. in einer Küchenmaschine) schaumig und kratze die Vanilleschote aus.

2. 200 ml Milch mit 50 ml Sahne, der Vanilleschote, dem Vanillemark und 40 g Puder-Erythrit aufkochen und vorsichtig das Eigelb unterrühren.

3. Stelle die Schüssel auf ein Wasserbad und erhitze alles unter ständigem Rühren auf 80 °C.

4. Die Vanillesoße sofort durch ein Sieb passieren und kühl stellen.

Register

Buchempfehlungen für dich

ISBN 978-3-7358-5107-9

ISBN 978-3-7724-5110-9

ISBN 978-3-7724-5129-1

ISBN 978-3-7724-4554-5

ISBN 978-3-7724-4369-5

ISBN 978-3-7358-5075-1

ISBN 978-3-7724-4578-1

ISBN 978-3-7724-7155-1

ISBN 978-3-7724-4633-7

Viele weitere Kreativ-Bücher findest du auf www.TOPP-kreativ.de

#TOPPprojekt

Die eigene Kreativität zeigen: TOPPprojekt mit anderen Kreativen teilen und Teil der Gemeinschaft werden.

DIY-begeistert und auf Instagram? Dann unbedingt mitmachen! Hier gibt's Tipps und Feedback zu den eigenen Projekten. Außerdem verlosen wir jeden Monat ein Überraschungspaket. Um am Gewinnspiel teilzunehmen, einfach ein Bild vom Kreativ-Projekt aus unseren Büchern mit #TOPPprojekt posten und unserem Account @frechverlag folgen. Mehr Infos auf TOPP-kreativ.de/TOPPprojekt

Website
Auf TOPP-kreativ.de kannst du ein riesiges Angebot von über 1.000 Kreativbüchern, Sets & mehr entdecken.

Newsletter
Gleich anmelden unter: TOPP-kreativ.de/newsletter und immer als Erstes von unseren Neuheiten und Sonderaktionen erfahren.

Instagram
@frechverlag

Pinterest
pinterest.com/frechverlag

Facebook
facebook.com/frechverlag

DigiBib
Hier findest du zusätzlich zu vielen unserer Bücher digitale Extras, wie Video-Tutorials, Plotter-Dateien, Vorlagen, Übungsblätter & vieles mehr. Einfach im Impressum deines TOPP-Buchs den Freischalte-Code nachschlagen und exklusive Inhalte freischalten. TOPP-kreativ.de/digibib

Youtube
youtube.com/frechverlag

DIE AUTORIN

Anja Giersberg inspiriert ihre Zuckerfrei-Community seit nun mehr als drei Jahren mit kreativen Backrezepten. Sie begleitet Menschen in ein gesundes Leben und öffnet ihnen die Augen für ein Thema, das für uns alle wichtig ist: Zucker. Am liebsten reist Anja mit ihrem Zuckerfrei-Foodtruck durch Europa und berät Unternehmen im Bereich „Gesunde Pâtisserie".

IMPRESSUM

FOTOS: lichtpunkt, Michael Ruder, Stuttgart
PRODUKTMANAGEMENT UND KORREKTORAT: Stephanie Iber
LEKTORAT: Lara Franke
COVERGESTALTUNG: Eva Hook
HERSTELLUNG: Sophia Höpfner
LAYOUT UND SATZ: DOPPELPUNKT, Stuttgart
DRUCK UND BINDUNG: Neografia, Slowakei

1. Auflage 2023

ISBN 978-3-7358-5198-7 • Best.-Nr. 25198

MIX
Papier | Fördert gute Waldnutzung
FSC® C020353
FSC www.fsc.org

Penguin Random House Verlagsgruppe FSC® N001967